Vente du Jeudi 26 Février 1880

PAR SUITE DE LICITATION ENTRE MAJEURS

HOTEL DROUOT, SALLE N° 6.

12 TABLEAUX

ANCIENS

EXPOSITIONS :

PARTICULIÈRE : Le Mercredi 25 Février 1880

DE UNE HEURE A CINQ HEURES.

PUBLIQUE : Le Jeudi 26 Février 1880 (AVANT LA VENTE)

DE UNE HEURE A TROIS HEURES ET DEMIE

<table>
<tr><td>COMMISSAIRE-PRISEUR</td><td>EXPERT</td></tr>
<tr><td>Me Charles PILLET</td><td>M. E. FÉRAL, PEINTRE</td></tr>
<tr><td>10, rue de la Grange-Batelière</td><td>54, Faubourg Montmartre</td></tr>
</table>

CATALOGUE

DE DOUZE

TABLEAUX ANCIENS

Parmi lesquels une œuvre importante

LA RONDE CHAMPÊTRE

Composition de vingt et une figures

PAR

NICOLAS LANCRET

LA DISEUSE DE BONNE AVENTURE

PAR

ANTOINE WATTEAU

Dont la vente aura lieu, par suite de licitation entre majeurs

HOTEL DROUOT, SALLE N° 6,

Le Jeudi 26 Février 1880,

A QUATRE HEURES PRÉCISES.

Mᵉ CHARLES PILLET	**M. FÉRAL**, PEINTRE
COMMISSAIRE-PRISEUR	EXPERT
10, rue de la Grange-Batelière.	54, Faubourg-Montmartre.

Chez lesquels se trouve le présent catalogue.

EXPOSITIONS :

Particulière. Le Mercredi 25 Février 1880, de une heure à cinq heures.
Publique. Le Jeudi 26 Février 1880 (avant la vente), de 1 heure à 3 heures et demie.

CONDITIONS DE LA VENTE

Elle se fera au comptant.

Les adjudicataires payeront *cinq pour cent* en sus des enchères.

Paris. — Typ. Pillet et Dumoulin, 5, rue des Grands-Augustins.

DÉSIGNATION

KESSEL

(NICOLAS VAN).

1 — Intérieur de corps de garde.   *1185*

> Sur le devant, des cuirasses, un tambour, un
> grand drapeau déployé appuyé au mur et diffé-
> rents objets; à droite, deux hommes assis auprès
> d'un tonneau; dans le fond. des soldats jouant
> aux dés.
>
> Bon tableau de l'artiste rappelant les œuvres
> de David Téniers.

Toile. Haut., 60 cent.; larg., 82 cent.

LANCRET

(NICOLAS).

2 — La Ronde champêtre.

Dans un gai paysage, autour d'un mât qui leur a servi de but pour le tir à l'arc, des jeunes gens se livrent au plaisir de la danse.

Vu de dos, vêtu d'un justaucorps bleu-ciel, une écharpe blanche autour des reins, un jeune garçon mène joyeusement la ronde, entraînant à sa suite une jeune fille, charmante sous son costume rose, avec tablier de mousseline, corsage décolleté, manches courtes et fleurs dans les cheveux. Le cavalier à qui elle donne l'autre main porte un coquet vêtement rose et blanc. On ne saurait rêver un trio plus séduisant de jeunesse et d'entrain. Cinq danseurs, dont trois jeunes femmes, complètent la ronde.

Le joueur de musette qui les fait danser est assis à gauche presque ados sé à un piédestal surmonté d'un vase, derrière lequel une paysanne tient un enfant dans ses bras.

Trois jeunes filles et deux jeunes garçons attendent, au second plan, le moment de prendre part à la danse.

A droite, au premier plan, deux galants s'em-

pressent autour d'une jeune femme à laquelle ils
offrent des fleurs ; derrière eux, une autre reçoit
la déclaration de son voisin.

Des arcs et des flèches sont à terre.

Ce délicieux tableau, dans lequel on ne compte
pas moins de vingt et un personnages, peut être
regardé comme l'œuvre la plus complète en même
temps que la plus gracieuse et la plus séduisante
qui soit sortie des mains de ce maître. On y trouve
réunis tout le charme et l'esprit qui caractérisent
l'école française au XVIII° siècle.

Gravé par E. Champollion.

Toile. Haut., 86 cent.; larg., 1 m. 30 cent.

MEER

(JEAN VAN DER. le vieux).

3 — Paysage coupé par une rivière.

300

A gauche, de nombreux personnages en cos·
tumes orientaux, les uns montés sur des droma-
daires, les autres sur des chevaux ; au second
plan, des cavaliers passant sur un pont.

Toile. Haut., 60 cent.; larg., 96 cent.

PLATZER

(JEAN VICTOR).

4 — Le Concert.

Trois personnages sont groupés dans l'intérieur d'un somptueux salon, une jeune femme se dispose à toucher du clavecin; à sa gauche, un jeune homme accorde un violoncelle, un personnage coiffé d'un chapeau orné de plumes tient une flûte.

A droite, une cheminée avec cariatides ; dans le fond, un portrait ovale et une tapisserie représentant la toilette de Vénus.

Cuivre. Haut., 27 cent.; larg., 22 cent.

PLATZER

(JEAN VICTOR).

(PENDANT DU PRÉCÉDENT)

5 — Le Bain.

Un jeune homme, ayant une écharpe rouge nouée à la ceinture, donne la main à une jeune fille et l'aide à entrer dans un bassin qui se trouve au dessous d'une superbe fontaine en marbre blanc formé de figures mythologiques et de dauphins; sur le devant, des oiseaux aquatiques ; à droite, une femme âgée préparant du linge ; dans le fond, un vase posé sur une balustrade de marbre auprès d'un flacon de liqueurs et d'un plat d'argent contenant des fruits près desquels est perché un perroquet.

Cuivre. Haut , 27 cent.; larg., 22 cent.

POEL

(EGBERT VAN DER).

(DEUX PENDANTS)

6 et 7 — Incendies.

Dans le premier, l'incendie est allumé par la foudre, les arbres ploient courbés par le vent des villageois courent portant des échelles.

Dans le second, l'incendie est sur un côteau, auprès d'un bâtiment en ruine avec arche sous laquelle on aperçoit des villageois éclairés par les lueurs du feu.

Bois. Haut., 28 cent.; larg., 34 cent..

RUBENS

(Attribué à P. P.).

8 — Adonis partant pour la chasse.

Vénus, richement vêtue, assise auprès d'une fontaine, le bras gauche tendu, cherche à retenir son amant; un amour est auprès d'elle. Adonis, tenant une lance, se dirige vers la droite, suivi de ses chiens.

Fond de paysage.

Très belle esquisse, d'une exécution facile, d'un ton fin et léger.

Toile. Haut., 70 cent.; larg., 87 cent.

TENIERS

(DAVID le fils).

9 — Le Château de Téniers.

Il est au centre du paysage, flanqué de deux
tourelles avec pont-levis ; sur le devant, coule une
rivière ; à droite, des pêcheurs : les uns examinent
des poissons mis dans un baquet, les autres reti-
rent leurs filets qu'ils ont jetés dans la rivière ; à
gauche, des monticules surmontés de quelques
arbres ; à droite, vers le fond, un cavalier et quelques villageois se dirigeant vers le château.

Bon tableau de la plus fine exécution.

Signé du monogramme.

Bois. Haut., 40 cent.; larg., 65 cent.

VANNUCCI

(Attribué à ANDRÉA, dit ANDRÉ DEL SARTO).

10 — Le Sacrifice d'Abraham.

Le patriarche tient son fils courbé sur l'autel,
un ange lui saisit le bras au moment ou il va
frapper Isaac.

A droite, un bélier ; dans le fond deux servi-
teurs.

Ce tableau, primitivement peint sur bois, a été
transporté sur toile.

Haut., 49 cent.; larg., 32 cent.

VECELLI

(Attribué à dit le TITIEN).

11 — Esther et Mardochée.

La jeune reine, vêtue d'une robe en partie de couleur foncée, cachée par un ample manteau grenat, se dirige vers la droite. Mardochée, debout auprès d'elle, lui dévoile le complot qui menace la vie du roi.

Sur les côtés, trois personnages.

Toile. Haut., 95 cent.; larg., 82 cent.

WATTEAU

(ANTOINE).

12 — La Diseuse de bonne aventure.

Trois jeunes dames sont réunies dans un parc ; une, au centre, portant un pardessus en satin blanc doublé de rose, montre sa main à une vieille bohémienne. Celle-ci, vue de profil, un mouchoir blanc noué autour de la tête, le doigt sur la bouche, lui fait une prédiction qui la fait sourire ; près d'elles, un petit mendiant tenant un tambour de basque ; à gauche, une jeune femme, vue de dos, coiffée d'un bonnet de dentelles, le cou nu, les épaules couvertes d'une mantille noire, la main au dos tenant son jupon. Au second plan, une troisième jeune femme vêtue d'une robe bleue.

Ce beau tableau, qui a la franchise, le brillant et la fermeté des belles œuvres de ce maître, a été gravé avec quelques variantes par Laurent Cars.

Gravé par L. Gaucherel.

Toile. Haut., 75 cent.; larg., 58 cent.

www.ingramcontent.com/pod-product-compliance
Lightning Source LLC
LaVergne TN
LVHW010851180726
843502LV00010B/3845